FIRST AT SCHOOL

PUZZLES COLORS MAZES WORD SEARCH AND NUMBERS

Girls and Boys Aged 5-7

ISBN-13: 978-1512204124

**For more PDF books for children visit
https://www.wordsearchandpuzzles.com**

All Rights Reserved. No part of this publication may be reproduced in any form or by any means, including scanning, photocopying, or otherwise without prior written permission of the copyright holder.

Copyright © 2015 Kaye Dennan

Other PAPERBACK Puzzle and Activity Books in the Children's Range:

I'm Going on holiday
https://www.createspace.com/5417581
Kids Word Search Puzzles and Maze Activity Book
https://www.createspace.com/5002002
Word Search For Kids Volume 6
https://www.createspace.com/5408138
Kids New Learning and Activity Book Vol 1
https://www.createspace.com/5170601
Kids Word Search Volume 5 Holidays and Games
https://www.createspace.com/5349796
Jake Goes Fishing Coloring and Activity Book
https://www.createspace.com/4691378
Circus Coloring and Activity Book
https://www.createspace.com/4634686
Clown Coloring and Activity Book
https://www.createspace.com/4716923
Scooter's Coloring and Activity Book
https://www.createspace.com/4639188
Skateboard Design
https://www.createspace.com/4755473

Plus books for Easter and Christmas.

Diaries and Journals (Perpetual)

Cool Dudes Scratchings
https://www.createspace.com/4970994
Diary for Girls With a Passion
https://www.createspace.com/4954409
Diary of a Super Cool Girl
https://www.createspace.com/4970685
A Journal for a Teen Girl
https://www.createspace.com/4972613

THIS BOOK BELONGS TO:

....

COLOR IN THESE BLOCKS USING THE COLORS YOU WANT TO USE IN THIS BOOK.

	BLUE
	RED
	GREEN
	YELLOW
	PINK
	ORANGE
	PURPLE
	BROWN

Catching the school bus

Other children are arriving in another school bus

SCHOOL BUS

Find the words from the top box
in the grid below AND strike them through in both places.

travel	mom	seats
wheels	bags	steps
windows	babies	bell
rubber	wiper	horn
driver	floor	stop

r	y	r	d	w	r	t
u	g	r	r	t	b	t
b	e	w	i	p	e	r
b	a	i	v	q	l	a
e	r	n	e	i	l	v
r	s	d	r	p	b	e
s	t	o	p	d	a	l
q	n	w	m	r	b	o
e	r	s	o	o	i	h
w	o	t	m	o	e	b
w	h	e	e	l	s	a
s	a	p	d	f	n	g
a	s	s	e	a	t	s

These students are waiting in the school house for the school bus to arrive.

There are computers at school for the students to use

New students will be learning their letters

Color 34 blocks in BLUE

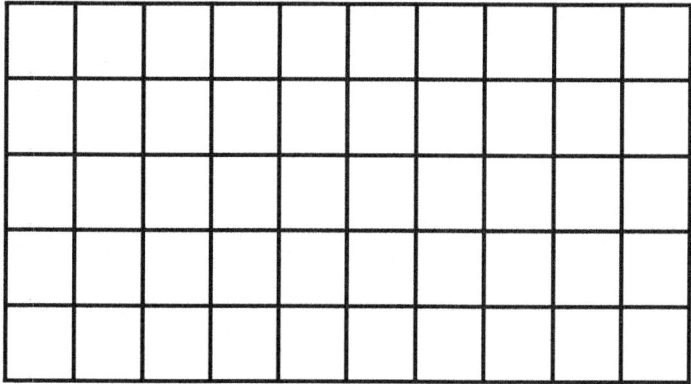

Color 27 blocks in RED

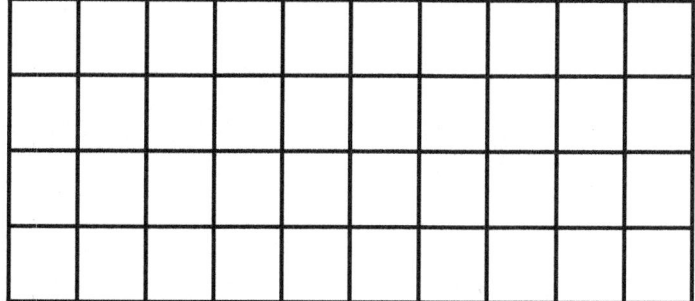

Millie and Frank Are Off to School with Their Bags

Find the words from the top box in the grid below AND strike them through in both places.

blue	red
yellow	green
orange	purple
black	pink
white	brown

e	h	b	l	a	c	k	n
d	r	f	b	l	u	e	j
f	e	o	p	t	c	n	o
p	d	i	p	f	e	m	r
i	y	e	l	l	o	w	a
n	x	g	r	e	e	n	n
k	o	l	w	a	m	r	g
u	k	e	t	h	y	s	e
s	a	h	e	m	i	q	i
p	u	r	p	l	e	t	e
c	r	e	u	w	e	p	e
o	b	r	o	w	n	y	h

Billy, Sally-Anne's twin, has also been waiting to start school

Rose-Anne has been waiting all holidays to start school

Complete These MATH Tables

No 1	No 2	No 3
1 + 1 =	5 + 5 =	2 x 4 =
2 + 1 =	4 + 5 =	3 x 2 =
2 + 3 =	3 + 6 =	5 x 2 =
4 + 3 =	6 + 4 =	2 x 3 =
1 + 3 =	5 + 6 =	2 x 5 =
3 + 3 =	6 + 3 =	4 x 2 =
1 + 4 =	5 + 3 =	2 x 2 =
4 + 2 =	6 + 6 =	3 x 3 =
2 + 2 =	1 + 6 =	1 x 4 =

Mom and Dad are taking Rose-Anne to school to meet her teacher

Write Down the Names of Some of the Children You Will Meet at School

Follow the lines from the letters and make the name of this animal.

Thinking Numbers

Fill in the gaps

1………..3…………..5, 6…………..8…………10

All totals come to 10	All totals come to 20
6 + = 10	6 + = 20
5 + = 10	15 + = 20
3 + = 10	11 + = 20
8 + = 10	9 + = 20
7 + = 10	16 + = 20
2 + = 10	7 + = 20
9 + = 10	12 + = 20

Write the word for each number

2 _____   4 _____

3 _____   7 _____

5 _____   1 _____

6 _____   8 _____

Fill in the numbers to complete the squares.

Always start with zero.

0	1		3			6	7		
10		12	13				17		19
20	21			24		26		28	
		32	33		35			38	
40			43			46			49
	51	52			55			58	59
		62		64			67		69
70	71			74		76			79
80			83		85			88	
	91		93			96			

Oh, my goodness, look how big this book is!

These Boys and Girls have just been given their first books.

Ellie and Jai Are coloring and drawing patterns ready for school days

Learning to play hopscotch at school

Complete These ADDITION Tables

No 1	No 2	No 3
4 + 6 =	4 + 5 =	2 + 4 =
3 + 9 =	5 + 6 =	3 + 2 =
2 + 5 =	3 + 6 =	5 + 3 =
4 + 9 =	6 + 7 =	4 + 4 =
7 + 3 =	5 + 8 =	6 + 5 =
3 + 8 =	7 + 3 =	4 + 9 =
5 + 4 =	4 + 8 =	1 + 6 =
9 + 2 =	3 + 7 =	9 + 3 =
8 + 2 =	1 + 6 =	1 + 7 =

Here is a maze with two octopuses who want to meet up for something to eat.

STARTING SCHOOL

Find the words from the top box
in the box of letters below AND strike them through in both places.

bags	school	math
sport	spelling	teacher
games	reading	desks
learn	computer	books
buses	pencils	friends

e	g	m	a	t	h	s	w
g	n	i	l	l	e	p	s
l	i	q	e	b	b	o	c
o	d	s	a	u	a	r	o
o	a	d	r	s	g	t	m
h	e	n	n	e	s	a	p
c	r	e	s	s	t	s	u
s	l	i	c	n	e	p	t
s	b	r	f	f	a	t	e
e	o	f	i	u	c	y	r
m	o	t	o	a	h	i	o
a	k	s	k	s	e	d	p
g	s	a	r	e	r	o	y

Riley and Kelly set up a school room in their playhouse

Building sandcastles at the beach

CROSSWORD
AT THE BEACH

1. What do you play on at the beach?
2. What do you build at the beach?
3. What do you dry yourself with?
4. You go ……………… at the beach.
5. You have a p………….at lunch time.
6. You play …………. at the beach.
7. What do you have if you get thirsty?

This pirate is greedy, he wants the other treasure inside the maze!

HAVE FUN WITH ADDITION

Add on three and total

6	5	4	7	8	9	2	1	3
+3	+3	+3	+3	+3	+3	+3	+3	+3

Add on five and total

3	4	6	8	5	9	1	2	7
+5	+5	+5	+5	+5	+5	+5	+5	+5

HOLIDAY AT THE BEACH

Find the words from the top box
in the box of letters below AND strike them through in
both places.

surf	surfboard	sand
shells	mermaid	towels
crabs	flags	spade
pools	feathers	castles
rocks	swimmers	tunnels

f	s	f	e	a	t	h	e	r	s
l	u	s	s	r	s	e	r	a	s
a	r	h	b	o	l	t	s	s	p
g	f	e	a	c	o	u	a	v	a
s	b	l	r	k	o	i	n	b	d
t	o	l	c	s	p	o	d	n	e
u	a	s	s	e	l	t	s	a	c
n	r	s	w	i	m	m	e	r	s
n	d	t	o	w	e	l	s	s	f
e	c	r	a	b	s	y	o	u	a
l	m	e	r	m	a	i	d	d	s
s	t	a	r	f	i	s	h	f	h

I Hope You Have Enjoyed Using This Coloring Book As Much As I Have Enjoyed Putting Together Fun Activities For You

Kaye Dennan
Author and Chief Publisher

**For more books from
http://InfoEbooksOnline.com
or visit my author page at:**
http://createspace.com
OR
https://www.pinterest.com/KayeDennan/word-search-and-activity-books/

ANSWERS

Page 7

Light shading is down, darker shading is sideways. A line across a box means the letter is in two words.

r	y	r	d	w	r	t
u	g	r	r	t	b	t
b	e	w	i	p	e	r
b	a	i	v	q	l	a
e	r	n	e	i	l	v
r	s	d	r	p	b	e
s	t	o	p	d	a	l
q	n	w	m	r	b	o
e	r	s	o	o	i	h
w	o	t	m	o	e	b
w	h	e	e	t	s	a
s	a	p	d	f	n	g
a	s	s	e	a	t	s

Page 13

Light shading is down, darker shading is sideways. The third deeper shade is the word on a diagonal.

e	h	b	l	a	c	k	n
d	r	f	b	l	u	e	j
f	e	o	p	t	c	n	o
p	d	i	p	f	e	m	r
i	y	e	l	l	o	w	a
n	x	g	r	e	e	n	n
k	o	l	w	a	m	r	g
u	k	e	t	h	y	s	e
s	a	h	e	m	i	q	i
p	u	r	p	l	e	t	e
c	r	e	u	w	e	p	e
o	b	r	o	w	n	y	h

Page 14

No 1	No 2	No 3
1 + 1 = 2	5 + 5 = 10	2 x 4 = 6
2 + 1 = 3	4 + 5 = 9	3 x 2 = 5
2 + 3 = 5	3 + 6 = 9	5 x 2 = 7
4 + 3 = 7	6 + 4 = 10	2 x 3 = 5
1 + 3 = 4	5 + 6 = 11	2 x 5 = 7
3 + 3 = 6	6 + 3 = 9	4 x 2 = 6
1 + 4 = 5	5 + 3 = 8	2 x 2 = 4
4 + 2 = 6	6 + 6 = 12	3 x 3 = 6
2 + 2 = 4	1 + 6 = 7	1 x 4 = 5

Page 20
Fill in the gaps

1......2.....3......4......5, 6.....7....8......9.....10

All totals come to 10			All totals come to 20		
6 +	4	= 10	6 +	14	= 20
5 +	5	= 10	15 +	5	= 20
3 +	7	= 10	11+	9	= 20
8 +	2	= 10	9 +	11	= 20
7 +	3	= 10	16 +	4	= 20
2 +	8	= 10	7 +	13	= 20
9 +	1	= 10	12 +	8	= 20

Write the word for each number

2	two	4	four
3	three	7	seven
5	five	1	one
6	six	8	eight

Page 25

No 1	No 2	No 3
4 + 6 = 10	4 + 5 = 9	2 + 4 = 6
3 + 9 = 12	5 + 6 = 11	3 + 2 = 5
2 + 5 = 7	3 + 6 = 9	5 + 3 = 8
4 + 9 = 13	6 + 7 = 13	4 + 4 = 8
7 + 3 = 10	5 + 8 = 13	6 + 5 = 11
3 + 8 = 11	7 + 3 = 10	4 + 9 = 13
5 + 4 = 9	4 + 8 = 12	1 + 6 = 7
9 + 2 = 11	3 + 7 = 10	9 + 3 = 12
8 + 2 = 10	1 + 6 = 7	1 + 7 = 8

Page 27

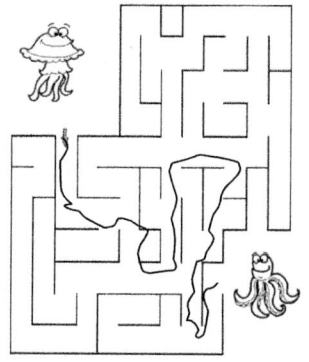

age 28

Light shading is down, darker shading is sideways. A line across a box means the letter is in two words. Words may go backwards.

e	g	m	a	t	h	s	w
g	n	i	t	l	e	p	s
l	i	q	e	b	b	o	c
o	d	s	a	u	a	r	o
o	a	d	r	s	g	t	m
h	e	n	n	e	s	a	p
c	r	e	s	s	t	s	u
s	l	i	c	n	e	p	t
s	b	r	f	f	a	t	e
e	o	f	i	u	c	y	r
m	o	t	o	a	h	i	o
a	k	s	k	s	e	d	p
g	s	a	r	e	r	o	y

Page 31

```
     s
c a s t l e s                d
   n   o   w                 r
   d   w   i                 i
       e   m                 n
       l   m                 k
       s   p i c n i c s
           n
           g a m e s
```

Page 32

Follow the dots to solve the puzzle.

Page 33

Add on three and total

6	5	4	7	8	9	2	1	3
+3	+3	+3	+3	+3	+3	+3	+3	+3
10	8	7	10	11	12	5	4	6

Add on five and total

3	4	6	8	5	9	1	2	7
+5	+5	+5	+5	+5	+5	+5	+5	+5
8	9	11	13	10	14	6	7	12

Page 34

Light shading is down, darker shading is sideways. Words may go backwards.

f	s	f	e	a	t	h	e	r	s
l	u	s	s	r	s	e	r	a	s
a	r	h	b	o	l	t	s	s	p
g	f	e	a	c	o	u	a	v	a
s	b	l	r	k	o	i	n	b	d
t	o	l	c	s	p	o	d	n	e
u	a	s	s	e	l	t	s	a	c
n	r	s	w	i	m	m	e	r	s
n	d	t	o	w	e	l	s	s	f
e	c	r	a	b	s	y	o	u	a
l	m	e	r	m	a	i	d	r	s
s	t	a	r	f	i	s	h	f	h

I Hope You Have Enjoyed Using This Coloring Book As Much As I Have Enjoyed Putting Together
Fun Activities
For You

Kaye Dennan
Author and Chief Publisher

For more books for children visit http://www.wordsearchandpuzzles.com

Printed in Great Britain
by Amazon